AF338565

CROIX LUMINEUSE

ET SACRÉ-CŒUR

CROIX LUMINEUSE ET SACRÉ-CŒUR

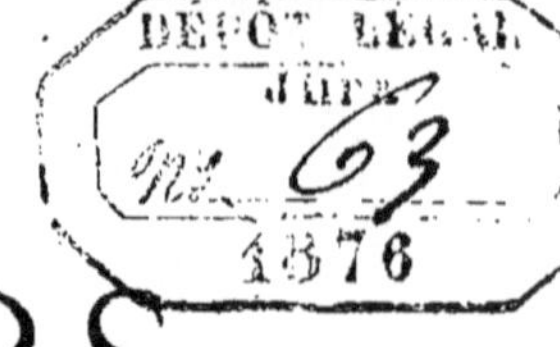

DEVOIRS
DE LA FRANCE
POUR LES MANIFESTATIONS DU SAUVEUR
AU IVᵉ ET AU XVIIᵉ SIÈCLES

Par l'abbé LÉON ROBIN

Correspondant du Ministère de l'instruction publique
pour les travaux historiques.

SECONDE ÉDITION CORRIGÉE ET AUGMENTÉE

> Le Seigneur apparut à Abram et il lui dit :
> Je donnerai ce pays à ta postérité. Abram dressa
> en ce lieu-là un autel au Seigneur qui lui était
> apparu. — GENÈSE, XII, 7.
>
> Les eaux du Jourdain se sont séchées devant
> l'Arche d'alliance du Seigneur, lorsqu'elle pas-
> sait au travers de ce fleuve ; c'est pourquoi ces
> pierres ont été mises en ce lieu pour servir aux
> enfants d'Israël d'un monument éternel. — JO-
> SUÉ, IV, 7.

LONS-LE-SAUNIER
IMPRIMERIE ET LITHOGRAPHIE J. MAYET ET Cⁱᵉ
20, rue Saint-Désiré, 20

1876

AVANT-PROPOS

A la suite d'un pèlerinage à Paray, d'après le dire que
la croix lumineuse apparut à Constantin sur les côtes de
Bourgogne, désirer ardemment d'établir que le *fait* de
l'apparition de la croix comme le *fait* de la manifestation du cœur de Jésus, sont également arrivés dans la
même contrée, et que ces faits doivent exciter une grande
confiance pour le relèvement de la France, en ce moment
si malheureuse ; c'était assurément une pensée de foi, par
conséquent qui ne pouvait pas faire son chemin sans con-
testation. « Je ne sais pas, dit Mgr Nardi, dans l'orai-
« son funèbre du P. Freyd, si une œuvre divine peut-être
« seulement proposée, sans que l'envie, l'ignorance et
« tous les autres innombrables auxiliaires de la fragilité
« humaine se mettent aussitôt en travers. » Voilà ce qui
est arrivé au sujet de la thèse sur le *lieu* de l'apparition
de la croix lumineuse, parce qu'on y voyait la prétention
de la résoudre, et d'en faire un tout avec le *lieu* de la manifestation du cœur de Jésus.

Éclairé par l'expérience, dans cette réimpression de la

Croix lumineuse et du Sacré-Cœur, nous avons fait deux brochures séparées, laissant à la Providence *qui attingit à fine ad finem fortiter et disponit omnia suaviter*, de relier les deux faits miraculeux l'un à l'autre dans le cœur des âmes droites que notre travail a particulièrement en vue, et surtout de les dévouer au moyen proposé par le Sauveur pour ressusciter notre chère patrie. La grâce divine seule peut briser les préjugés, et réunir dans le droit et l'autorité, comme aux siècles de Charles VII et de Henri IV.

R.

SACRÉ - COEUR

Non loin de ces lieux bénis, où en l'année 312, Notre-Seigneur J.-C. avait manifesté son souverain domaine sur les empires, par l'apparition de la croix, son sceptre divin, à la grandeur humaine dans tout son apparent éclat, ce même J.-C. en l'an 1674, commença à révéler les infinies richesses et les desseins miséricordieux de son divin cœur pour tous les hommes et pour la France en particulier, à une jeune vierge, pure comme les anges, à Vérosvres, entre Cluny et Charolles, à Vérosvres nom qui doit venir de *vera roratio*, vraie rosée du ciel ; ou de *verum roramentum*, vraie poudre d'or ; c'est-à-dire, en réunissant les deux étymologies, lumière brillante comme l'or, pleuvant du ciel comme une rosée.

A Vérosvres, en effet, l'année suivante, 16 juin 1675, le Sauveur du monde, dans une autre révélation décisive à la B. Marguerite Marie, renouvella l'accomplissement du *Rorate, cœli desuper, et nubes pluant justum* (1), en inaugurant authentiquement la dévotion à son Sacré-Cœur, par l'ordre d'établir une fête spéciale, le vendredi, lendemain de l'Octave de la Fête-Dieu, qui aurait pour objet de rendre à son Cœur, fournaise de tendresse pour les hommes, le respect et l'amour qui lui sont dûs.

Notre-Seigneur Jésus-Christ ayant aimé les siens qui étaient dans le monde, les a aimés jusqu'à la fin d'un amour qui parut toujours aller croissant. Il les a aimés

____

(1) Isaïe, XL. c. 8.

jusqu'à concevoir et réaliser de les nourrir de sa chair, afin de donner la vie aux âmes, et de semer les germes de la résurrection pour le dernier jour. Il les a aimés jusqu'à permettre que son Cœur fût fendu d'un coup de lance, afin que nous vénérions les blessures de cet amour invisible. Dans son Cœur, symbole de l'amour, le Christ ayant souffert de douleurs sanglantes et des angoisses morales qui attristèrent son âme jusqu'à la mort : à la fois prêtre et victime, il a offert l'un et l'autre sacrifice (1).

Or, à la fin du XVIIe siècle, les doctrines jansénistes détournaient les peuples de la pratique de la sainte communion, sous prétexte d'un plus profond respect pour cet auguste sacrement ; pendant que les adhérents au gallicanisme, ne regardant Jésus crucifié pour nous que comme un juge sévère tout occupé de compter et peser nos péchés jusqu'aux moindres imperfections, n'approchaient qu'en tremblant du tabernacle et de la table sainte. C'est pour dissiper ces erreurs propagées par l'esprit du mal, devant en produire de plus graves encore, que Jésus-Christ montrant à la bienheureuse son cœur surmonté d'une croix, ceint d'une couronne d'épines, lacéré par une lance, et tout enflammé de l'amour, il dit à sa servante : *Voilà ce cœur qui a tant aimé les hommes* : lui recommandant de propager dans le monde entier la dévotion à ce cœur, comme source de toutes les grâces.

En 1688, dans toute la splendeur du siècle de Louis XIV, Marguerite-Marie, alors professe au couvent de la Visita-

---

(1) Te vulneratum charitas
Ictu patenti voluit
Amoris invisibilis
Ut veneremur vulnera.

Hoc sub amoris symbolo
Passus cruenta et mystica,
Utrumque sacrificium
Christus sacerdos obtulit.

Office du Sacré-Cœur.

tion de Paray-le-Monial, et la mère de Saumaise, supérieure du monastère du même ordre, à Dijon, étaient vivement affectées du refus que faisait la congrégation des Rites, de délivrer des bulles pour l'institution d'une dévotion spéciale au Sacré-Cœur de Jésus.

Au milieu de leurs pieuses afflictions, le Sauveur apparut à Marguerite-Marie et lui dit : « Pourquoi t'affliges-« tu de ce qui sera à ma plus grande gloire ? Car à pré-« sent l'on se porte à m'honorer et à m'aimer, sans autre « appui que l'amour même, et cela me plaît beaucoup. « Mais comme cette ardeur se pourra refroidir, ce qui « serait sensible à mon divin Cœur qui étant la fournaise « du pur amour, ne le pourrait souffrir ; ce sera alors « que je rallumerai ce feu dans tous les cœurs par tous « ces privilèges, et encore par de plus grands ; et je ne « laisserai pas sans récompense les peines prises pour « cela. Demeure donc en paix. »

Le 23 février 1689, Marguerite-Marie écrivit à la mère de Saumaise : « Que de bonheur pour ceux qui « s'emploient avec un zèle ardent à faire connaître, « aimer et glorifier le cœur de Jésus ! Ils s'attirent « par là l'amitié et les bénédictions éternelles de cet « aimable Cœur, et *un puissant protecteur pour notre* « *patrie.....* J'espère qu'en échange des amertumes que « ce divin Cœur a souffertes dans les palais des « grands, pendant les ignominies de sa passion, cette « dévotion s'y fera recevoir avec magnificence avec le « temps. »

Le 17 juin 1689, la servante du Cœur de Jésus écrivit encore à la mère de Saumaise : « Il désire, ce me sem-« ble, entrer avec pompe et magnificence dans la maison « des princes et des rois pour y être honoré autant qu'il « a été outragé, méprisé et humilié en sa Passion, et qu'il « reçoive autant de plaisir de voir les grands de la terre

« abaissés et humiliés devant Lui, comme il a senti d'a-
« mertume de se voir anéanti à leurs pieds. Et voici les
« paroles que j'entendis sur ce sujet :

« Fais savoir au fils ainé de mon Sacré-Cœur (parlant
« de notre roi Louis XIV) que, comme sa naissance tem-
« porelle a été obtenue par la dévotion aux mérites de
« la Sainte-Enfance (1) ; de même il obtiendra sa nais-
« sance de grâce et de gloire éternelle par la consécration
« qu'il fera de lui-même à mon Cœur adorable qui veut
« triompher du sien ; et, par son entremise, de celui des
« grands de la terre. Il veut régner dans son palais, *être
« peint dans ses étendards et gravé dans ses armes*, pour
« les rendre victorieuses de tous ses ennemis, en abattant
« à ses pieds les têtes orgueilleuses et superbes pour le
« rendre triomphant de tous les ennemis de la sainte
« Eglise. »

Voici enfin, toujours sur ce sujet si grave, écrite au
mois d'août, même année 1689, une quatrième lettre de
Marguerite-Marie à la mère de Saumaise :

« Le Père éternel voulant réparer les amertumes et
« angoisses que l'adorable Cœur de son divin Fils a reçues
« dans les maisons des princes de la terre, parmi les outra-
« ges et les humiliations de sa Passion, veut établir son
« empire dans le cœur de notre grand monarque du quel
« il se veut servir pour l'exécution de ce dessein qu'il
« désire voir s'accomplir en cette manière qui est *de
« faire un édifice où serait le tableau de ce divin Cœur,
« pour y recevoir la consécration et les hommages du roi
« et de toute sa cour.*

« De plus, ce divin Cœur veut se rendre protecteur et
« défenseur de sa personne sacrée contre tous ses enne-

---

(1) Anne d'Autriche, mariée à Louis XIII, le 25 décembre 1615, ne devint
la mère de Louis XIV que le 5 septembre 1638.

« mis visibles et invisibles, dont il veut le défendre et
« mettre son salut en assurance par ce moyen. C'est
« pourquoi il l'a choisi comme son fidèle ami, pour faire
« autoriser la messe en son honneur par le Saint-Siége
« apostolique (pour le diocèse de Langres) et en obtenir
« tous les autres privilèges qui doivent accompagner la
« dévotion de ce divin Cœur, par laquelle il lui veut dé-
« partir tous les trésors de ses grâces de sanctification
« et de salut, en répandant avec abondance ses bénédic-
« tions sur toutes ses entreprises qu'il fera réussir à sa
« gloire, en donnant un heureux succès à ses armes, pour
« le faire triompher de la malice de ses ennemis. Heu-
« reux donc qu'il sera, s'il prend goût à cette dévotion
« qui lui établira un règne éternel d'honneur et de gloire
« dans ce Sacré-Cœur de Notre-Seigneur Jésus-Christ,
« lequel prendra soin de l'élever et le rendre grand dans
« le ciel devant son Père autant que ce grand monarque
« en prendra de relever devant les hommes les opprobres
« et anéantissements que ce divin Cœur y a soufferts : ce
« qui sera en lui rendant et lui procurant les honneurs,
« l'amour et la gloire qu'il en attend.

« Mais comme Dieu a choisi le Père de la Chaise (1),
« pour l'exécution de ce dessein, par le pouvoir qu'il lui
« a donné sur le cœur de notre grand roi, ce sera donc à
« lui de faire réussir la chose, en procurant cette gloire
« au divin Cœur de Notre-Seigneur Jésus-Christ, secon-
« dant en cela l'ardent désir qu'il a de se faire connaître
« en se manifestant aux hommes, pour en être aimé et
« en recevoir un hommage tout particulier. Si donc sa
« bonté inspire à ce grand serviteur de sa divine Majesté
« d'employer le pouvoir qu'il lui a donné, pour lui procu-
« rer le plaisir qu'il désire si ardemment, il peut bien

---

(1) Jésuite, confesseur de Louis XIV.

« s'assurer qu'il n'a jamais fait d'action plus utile à la
« gloire de Dieu, ni plus salutaire à son âme et dont il
« soit mieux récompensé et toute sa sainte congrégation,
« dont il se rendra, par ce moyen, l'honneur et la gloire
« par les grands trésors de grâces et de bénédictions que
« ce Sacré-Cœur y répandra. »

Marguerite-Marie pressa la mère de Saumaise d'écrire,
selon les inspirations divines qu'elle avait reçues, à la supérieure du monastère de la Visitation de Chaillot, bourg
près de Versailles où Louis XIV avait établi sa cour.

L'ouvrage intitulé : *Vie et lettres de Marguerite-Marie*,
édité maison Palmé à Paris, en 1873, nous dit que cette
initiative de la servante du Cœur de Jésus n'eut pas le
résultat si désirable, soit, d'après l'éditeur, que la supérieure de la Visitation à Chaillot ait laissé tomber la
chose : soit que le Père de la Chaise n'ait pas jugé le moment opportun pour en parler à Louis XIV ; soit que ce
prince lui-même n'y ait pas prêté attention.

« On a reproché à Louis XIV, dit M. St-Albin, de n'a-
« voir pas répondu à cet appel de Dieu. Mais Louis XIV
« l'a-t-il connu ? S'il l'a connu, n'a-t-il pas pu trouver
« dans les paroles *fais savoir*, etc., quelque raison de
« douter que cet appel lui fût adressé à lui-même et
« non à l'un de ses descendants ? Enfin, appartenait-il à
« Louis XIV de déclarer l'authenticité des révélations, au
« lieu d'attendre respectueusement la décision de l'Eglise,
« qui ne se prononça qu'en 1757, c'est-à-dire quarante
« ans après la mort de ce monarque (1). »

Mais, ce qui malheureusement est hors de discussion,
ce sont les calamités qui sont tombées sur la France *à la
suite* de ces magnifiques promesses, si ce n'est *à cause*
de l'inexécution des ordres donnés par le Sauveur à Mar-

---

(1) Histoire d'Henry V, p. 392.

guerite-Marie. Ces calamités sont la guerre forcée pour la succession au trône d'Espagne, qui vit, pendant quatorze ans consécutifs, les troupes de Louis-le-Grand constamment écrasées jusqu'à la victoire de Denain, où sa dernière armée était en jeu : ce monarque, jadis si fier, s'étant vu réduit à demander, et demander en vain plusieurs fois la paix ; la mort, dans une même année, de ses enfants, petits-enfants et arrières petits-enfants, sauf d'un de ces derniers qui revînt avec peine des portes du tombeau ; les orgies et les roueries de la régence ; de grands désastres sur terre, sur mer et dans les colonies, qui firent perdre à la France, le Canada, l'empire des Indes, l'île de France, Madagascar ; la cynique et publique débauche de la cour, de la noblesse et de la classe bourgeoise ; l'impiété devenue l'opinion de bon ton sous l'inspiration de Voltaire, de Rousseau, de Diderot et d'Alembert ; l'expulsion brutale de la compagnie de Jésus, un même jour, dans tous les états catholiques ; une haine furieuse de toute autorité envahissant la société jusqu'aux plus petites bourgades ; la dilatation rapide des sociétés secrètes et les froides et monstrueuses atrocités qu'elles ont fait commettre, au nom de la France, contre Louis XVI et sa famille ; des révolutions et des guerres en permanence qui ont fauché cinq millions d'hommes, qui ont fait trois fois envahir la France dans un demi siècle, lui arrachant des provinces et plus de dix milliards ; qui ont forcé les étrangers à porter au royaume de saint Louis autant de mépris qu'autrefois ils en avaient de crainte et de respect.

En France, les révolutions sont devenues périodiques, l'anarchie chronique, les aspirations au pillage, au meurtre, à l'incendie entrent dans les mœurs ; l'athéisme, le naturalisme ont précipité les âmes dans une si profonde abjection qu'elles n'ont plus de ressort que pour concevoir et opérer le mal qui les pousse presque irrésistiblement ; enfin se révèle un abaissement des intelligences tel que même les plus hauts personnages, repoussent avec effroi l'homme que cependant, tous sentent pouvoir encore seul rasseoir la société sur ses bases, allant jusqu'à confesser qu'on a peur de ses vertus ; qu'il est trop honnête homme pour nos mœurs actuelles, ce personnage qui abhorre le mensonge : qui va jusqu'à croire et dire : « J'ai « été élevé dans les idées gallicanes ; mais depuis lors j'ai « étudié, j'ai réfléchi, et je crois que les malheurs de ma « famille viennent en grande partie de la déclaration de « 1682 et de ce qui s'en est suivi (1). »

Si les démarches à tenter auprès de la personne de Louis XIV, n'ont pas été faites, d'autres personnages, mêmes des princes, au XVIIIe et au XIXe siècles, ont entendu la voix miséricordieuse de Dieu et ont employé leur influence à faire réaliser les demandes du Sauveur à la B. Marguerite-Marie. Le 15 mai 1716, Frédéric-Auguste II, roi de Pologne, écrivit au Pape Benoît XIII, le priant d'étendre à tout l'univers la pratique de la dévotion au Cœur de Jésus. Le 10 mars 1717, le roi d'Espagne Philippe V, petit-fils de Louis XIV, sollicita du même pontife l'établissement de la fête du Sacré-Cœur dans tous ses royaumes. Plus tard, Françoise-Elizabeth, reine de Portugal, obtint pour ses états une semblable faveur.

En 1722, la cité de Marseille ayant été délivrée de la peste par l'invocation du Sacré-Cœur dans de ferventes prières publiques provoquées par son saint évêque, les consuls prononcèrent le vœu d'aller, chaque année à perpétuité, le jour de la fête du Sacré-Cœur de Jésus, assister à la messe dans l'église du premier monastère de la Visitation ; d'y communier et offrir pour l'expiation des péchés, commis dans la ville, un cierge du poids de quatre livres

---

(1) *Univers* 19 avril 1873.

qui brûlerait ce jour-là devant le Saint-Sacrement, et d'assister à une procession solennelle de tous les ordres à l'heure de vêpres.

La congrégation des rites, en l'an 1757, se prononça en faveur de cette dévotion. En 1765, la pieuse reine de France, Marie Leckzinska qui, dans les palais mêmes de Louis XV, pratiquait avec le grand Dauphin, son fils et ses quatre filles, les plus héroïques vertus chrétiennes, recourut à l'assemblée générale du clergé de France pour hâter et développer la diffusion du culte du Sacré-Cœur. Tel est le texte de la délibération de ces prélats : « Tous « les évêques qui composent l'assemblée, également péné- « trés du profond respect et de la vénération qui ne sont « pas moins dûs aux vertus éminentes de sa Majesté qu'à « son rang auguste ; et voulant, autant qu'il est en eux, « seconder un zèle si édifiant, ont unanimement délibéré « d'établir dans leurs diocèses respectifs la dévotion et « l'office du Sacré-Cœur de Jésus, et d'inviter, par une « lettre circulaire, les autres évêques du royaume d'en « faire autant dans les diocèses où cette dévotion et cet « office ne sont pas encore établis. » La circulaire fut partout accueillie.

En 1792, après son arrestation à Varennes, Louis XVI, ramené à Paris et gardé à vue comme un prisonnier, au château des Tuileries, comprit que sa main n'était plus assez ferme pour lutter contre la révolution. Il tourna sa pensée vers le Cœur de Jésus, et formula ce vœu touchant dont le texte a été recueilli par son confesseur, M. Hébert, supérieur général des Eudistes, peu après massacré dans le couvent des Carmes, à Paris, en compagnie de 180 membres du clergé demeuré fidèle à la sainte Église.

TEXTE DU VŒU DE LOUIS XVI.

« Vous voyez, ô mon Dieu, toutes les plaies qui déchi-
« rent mon cœur, et la profondeur de l'abîme dans lequel
« je suis tombé. Des maux sans nombre m'environnent
« de toutes parts. A mes malheurs personnels et à ceux
« de ma famille qui sont affreux, se joignent, pour acca-
« bler mon âme, ceux qui couvrent la face du royaume.
« Les cris de tous les infortunés, les gémissements de la
« religion supprimée retentissent à mes oreilles, et une
« voix intérieure m'avertit encore que peut-être Votre
« justice me reproche toutes ces calamités, parceque, dans
« les jours de ma puissance, je n'ai pas réprimé la licence
« du peuple et l'irréligion qui en sont les principales sour-
« ces : parceque j'ai fourni moi-même des armes à l'héré-
« sie qui triomphe, en la favorisant par des lois qui ont
« doublé ses forces et lui ont donné l'audace de tout oser.

« Je n'aurai pas la témérité, ô mon Dieu, de me justi-
« fier devant Vous : mais vous savez que mon cœur a
« toujours été soumis à la foi et aux règles des mœurs ;
« mes fautes sont le produit de ma faiblesse et semblent
« dignes de votre miséricorde. Vous avez pardonné au
« roi David, qui avait été cause que vos ennemis avaient
« blasphémé contre Vous ; au roi Manassès, qui avait
« entraîné son peuple dans l'idolâtrie. Désarmé par leur
« pénitence, Vous les avez rétablis l'un et l'autre sur le
« trône de Juda ; vous les avez fait règner avec paix et
« gloire. Seriez-vous inexorable aujourd'hui pour un fils
« de saint Louis, qui prend ces rois pénitents pour modè-
« les, et qui, à leur exemple, désire réparer ses fautes et
« devenir un roi selon votre cœur (1).

---

(1) Voir biographie universelle de Feller, art. Le Franc de Pompignan. En
plein Consistoire, Pie VI a qualifié Louis XVI *martyr*.

« O Jésus-Christ ! divin Rédempteur de toutes nos ini-
« quités, c'est dans votre Cœur adorable que je veux dé-
« poser les effusions de mon âme affligée. J'appèle à
« mon secours le tendre Cœur de Marie, mon auguste
« Protectrice et ma Mère, et l'assistance de saint Louis,
« mon Patron et le plus illustre de mes aïeux. »

« Ouvrez-vous, Cœur adorable, et par les mains si
« pures de mes puissants intercesseurs, recevez avec
« bonté les vœux satisfactoires que la confiance m'ins-
« pire, et que je vous offre comme l'expression naïve de
« mes sentiments. »

« Si, par un effet de la Bonté infinie de Dieu, je recou-
« vre ma liberté, ma couronne et ma puissance royale, je
« promets solennellement :

« I. De *révoquer*, le plus tôt possible, toutes les lois
« qui me seront indiquées, soit par le Pape, soit par
« quatre évêques choisis parmi les plus vertueux de mon
« royaume, comme contraires à la pureté et à l'intégrité
« de la foi, à la discipline et à la juridiction spirituelle de
« la sainte Église catholique, apostolique et romaine, et
« notamment *la constitution civile du clergé.* »

« II. De prendre, dans l'intervalle d'une année, tant
« auprès du Pape, qu'auprès des évêques de mon royaume
« toutes les mesures nécessaires pour *établir*, en suivant
« les formes canoniques, *une fête solennelle en l'honneur*
« *du Sacré-Cœur de Jésus*, laquelle sera célébrée à per-
« pétuité, dans toute la France, le premier vendredi après
« l'Octave du Saint-Sacrement, et toujours suivie d'une
« procession générale, en réparation des outrages et des
« profanations commises dans nos saints temples, pendant
« le temps des troubles, par les schismatiques, les héré-
« tiques et les mauvais chrétiens. »

« III. D'aller moi-même en personne, sous trois mois,
« à compter du jour de ma délivrance, dans l'église

« Notre-Dame de Paris, ou dans tout autre église princi-
« pale du lieu où je me trouverai, et de *prononcer*, un
« jour de dimanche ou de fête, au pied du maître autel,
« après l'offertoire de la messe, et entre les mains du
« célébrant, *un acte solennel de consécration de ma per-*
« *sonne, de ma famille et de mon royaume au Sacré-*
« *Cœur de Jésus,* avec promesse de donner à tous mes
« sujets l'exemple du culte et de la dévotion qui sont dûs
« à ce Cœur sacré.

« IV. D'*ériger* et *de décorer* à mes frais, dans l'église
« que je choisirai pour cela, dans le cours d'une année,
« à compter du jour de ma délivrance, *une chapelle* ou *un*
« *autel qui sera dédié au Sacré-Cœur de Jésus,* et qui
« servira de monument éternel de ma reconnaissance et
« de ma confiance sans bornes dans les mérites infinis et
« dans les trésors inépuisables de grâces qui sont renfer-
« més dans ce Cœur sacré. »

« V. Enfin, de *renouveler*, tous les ans, au lieu où je
« me trouverai, le jour qu'on célébrera la fête du Sacré-
« Cœur, *l'acte de consécration* exprimé dans l'article troi-
« sième ; et d'*assister à la procession générale* qui suivra
« la messe de ce jour.

« Je ne puis aujourd'hui prononcer qu'en secret cet
« engagement : mais je le signerais de mon sang, s'il le
« fallait ; et le plus beau jour de ma vie sera celui où je
« pourrai le publier à haute voix dans le temple. »

« O Cœur adorable de mon Sauveur ! Que j'oublie ma
« main droite et que je m'oublie moi-même si jamais j'ou-
« blie vos bienfaits ; si je cesse de vous aimer et de mettre
« en Vous ma confiance et toute ma consolation. Ainsi
« soit-il. Signé Louis. »

Si ce cri de prière n'eut pas devant Dieu un plein effet,
du moins le religieux monarque y puisa l'héroïsme d'un
long et humiliant martyre ; et la Vendée, cette race de

géants, se leva et courut aux combats, portant l'image du Sacré-Cœur sur la poitrine.

Pendant la Restauration, beaucoup de nobles cœurs crurent que la France obligée d'honneur à tenir les engagements contractés par le roi martyr. Plusieurs diocèses furent solennellement consacrés au Cœur de Jésus. La plupart des cathédrales de France eurent un autel dédié en son honneur. Ce n'était pas assez pour son relèvement religieux : Notre-Seigneur réclamait un hommage national : Il voulait que la France intervint comme nation, ayant son roi en tête.

Il y avait alors à Paris, au couvent des Oiseaux, une humble religieuse, de la congrégation de Notre-Dame, *Marie de Jésus*, que les princesses visitèrent plusieurs fois. Cette religieuse était favorisée de communications surnaturelles. Ses guides spirituels, aussi éclairés que vertueux, Monseigneur de Quelen, archevêque de Paris, et d'autres personnages, également versés dans la science de saints, reconnurent dans Marie de Jésus l'action de l'esprit de Dieu.

Or, Marie de Jésus avait eu, dès l'enfance, la plus tendre dévotion envers le Cœur du Sauveur. En 1814, son zèle pour cette sainte pratique fut enflammé par la lecture d'une prière aujourd'hui très répandue, intitulée : *Consécration de la France au Cœur de Jésus*, qu'elle récitait avec une ferveur croissante. Ayant entendu la lecture du mandement et des autres pièces relatives à la Consécration de Poitiers au Sacré-Cœur, elle dit en soupirant : « Ah ! si la France entière pouvait jouir du même bon- « heur ! » Désormais tous ses vœux, les intentions de ses communions, ses austérités et ses sacrifices se dirigèrent vers ce but.

Les communications divines se multiplièrent au milieu de ces saintes pratiques. Plongée dans un Océan de lumières, Marie de Jésus y voyait clairement les désirs du Cœur de Jésus embrasé d'amour pour les hommes, et les desseins de sa miséricorde pour la France en particulier. Dans ses extases, le Sauveur lui dit et lui répéta : « Le vœu « de la consécration de la France au Sacré-Cœur, attribué « à Louis XVI, est bien véritablement de ce prince qui « l'avait composé et prononcé. Je désire ardemment que « ce vœu soit exécuté ; *que le roi consacre sa personne,* « *sa famille et tout son royaume au Sacré-Cœur,* comme « autrefois Louis XIII les a consacrés à la Sainte-« Vierge : *Qu'il en fasse célébrer la fête solennellement* « *et universellement tous les ans, le vendredi après l'oc-* « *tave du Saint-Sacrement ; et qu'enfin il fasse bâtir* « *une chapelle et ériger un autel en son honneur.* A ces « conditions, je promets pour le roi, la famille royale et « la France entière les plus abondantes bénédictions.

Le 21 juin 1823, le Sauveur dit encore à Marie de Jésus : « La France est toujours bien chère à mon divin « Cœur, et elle lui sera consacrée. Mais il faut que ce soit « LE ROI LUI-MÊME qui consacre sa personne, sa famille et « tout son royaume à mon divin Cœur ; et qu'il lui fasse, « comme je l'ai déjà dit, élever un autel ; ainsi qu'on en « a déjà élevé un, au nom de la France, en l'honneur de « Sainte-Vierge (1). JE PRÉPARE A LA FRANCE UN DÉLUGE DE « GRACES LORSQU'ELLE SERA CONSACRÉE A MON DIVIN CŒUR. « Les outrages faits à la majesté royale ont été réparés « publiquement (2) ; et les outrages sans nombre que j'ai « reçus dans le sacrement de mon amour n'ont pas en-« core été réparés ! On craint de parler au roi ; on craint « qu'il ne soit pas disposé à entendre parler de ce double

---

(1) L'église de Notre-Dame des Victoires, aujourd'hui si célèbre.

(2) Le monument expiatoire érigé sous la Restauration, et le service annuel pour Louis XVI, avec lecture de son testament, célébré dans toutes les églises jusqu'en 1830.

« bonheur, pour lui, aussi bien que pour sa famille et
« son royaume ! Ah ! je tiens tous les cœurs dans ma
« main, et celui du roi est disposé à faire tout ce qu'on
« lui demandera pour ma gloire. Tous les jours, il en
« donne des preuves. La demande qu'on lui a faite de
« travailler à la béatification de la Mère-Marguerite-Marie
« Alacoque n'a-t-elle pas été parfaitement accueillie? Je
« prépare toutes choses : la France sera consacrée à mon
« divin Cœur, et TOUTE LA TERRE SE RESSENTIRA DES BÉNÉ-
« DICTIONS QUE JE RÉPANDRAI SUR ELLE. La foi et la religion
« refleuriront en France par la dévotion à mon divin Cœur. »
Voilà ce qui était révélé et s'écrivait en 1822 et 1823.
Nous le savons, dit le P. Gautrelet, l'Eglise seule a le
droit de prononcer sur la nature et l'autorité de ces révélations ; mais quiconque rapprochera les paroles de la
B. Marguerite-Marie, citées ci-dessus, de celles que nous
venons de rapporter de la mère Marie de Jésus ; le vœu
de Louis XVI, de la consécration demandée par N.-S.
Jésus-Christ ; quiconque voudra se rendre compte des
progrès qu'a faits en France, surtout à notre époque, la
dévotion au Cœur de Jésus; de l'ardeur croissante avec
laquelle s'y portent certaines âmes (1), sera entraîné à
appliquer au travail qui s'opère, ces remarquables paroles : « *Je prépare toutes choses,* » et ne trouvera rien
d'incroyable dans cette affirmation si absolue : LA FRANCE
SERA CONSACRÉE A MON DIVIN CŒUR.

Le Sauveur fit aussi comprendre à Marie de Jésus que
l'heureux et rapide succès de la guerre d'Espagne con-
duite par le duc d'Angoulême, était dû au Sacré-Cœur et
aux hommages que lui avait rendus le vertueux prince,
chef de l'expédition.

____

(1) Ajoutons: pendant que d'autres s'en exaspèrent jusqu'à la rage, même
parmi les vieilles paysannes.

Le P. Ronsin, confesseur de Marie de Jésus, fut frappé de cette communication, sachant que Louis XVIII avait ordonné au grand aumônier de France de s'entendre au sujet de la béatification de Marguerite-Marie, avec le ministre des affaires étrangères, mais bien assuré en même temps que la religieuse n'avait pu connaître cet ordre par une voie naturelle.

La révolution de 1830 éclatait au moment où les âmes pieuses espéraient voir l'accomplissement solennel du vœu de Louis XVI, par l'entremise de son auguste fille, Marie-Thérèse de France devenue Dauphine, qui y déployait le plus grand zèle.

En 1856, les évêques français, au nombre de 80, se trouvant réunis à Paris, demandèrent au cardinal Patrizzi, légat *à latère* du Saint-Siége, de vouloir bien solliciter du Souverain-Pontife que la fête du Sacré-Cœur, jusque-là facultative, ou érigée seulement dans quelques diocèses, entrât comme une partie intégrante et nécessaire de la liturgie catholique. Sa Sainteté Pie IX l'accorda par un rescrit du 23 août de la même année.

En 1870, pendant les épouvantables désastres qui fondirent sur la France, plusieurs laïques pieux et éminents de Paris, formulèrent et prononcèrent un vœu au Cœur de Jésus pour en obtenir la délivrance de l'Eglise et de la France.

TEXTE DU VŒU

« En présence des malheurs qui désolent la France, et
« des malheurs plus grands peut-être qui la menacent
« encore ;

« En présence des attentats sacriléges commis à Rome
« contre les droits de l'Eglise et du Saint-Siége, et contre
« la personne sacrée du Vicaire de Jésus-Christ ;

« Tout en reconnaissant que notre malheureuse patrie
« a mérité les châtiments de Dieu par les scandales dont
« elle a été le théâtre, par les encouragements qu'elle a
« donnés à l'esprit révolutionnaire dans le monde, et, en
« particulier, par le coupable abandon de la cause du
« Souverain Pontife et de l'Eglise, abandon qu'elle n'a
« que trop facilement accepté ;

« I. Nous protestons au nom de la justice outragée, au
« nom de la France, au nom de la paix de l'Europe, au
« nom de la civilisation chrétienne, au nom de la liberté
« de nos consciences, contre la violence et la fourberie
« qui veulent anéantir le pouvoir le plus légitime, le plus
« vénérable, le plus bienfaisant, le plus authentique-
« ment reconnu de tous les pouvoirs de la terre, en
« privant le Souverain Pontife de son domaine tempo-
« rel, de la liberté même de sa personne ; et en portant
« par là atteinte au libre exercice de son autorité spirituelle.

« II. Nous ne pouvons méconnaître qu'en ce moment
« les violations du droit des gens, que nos gouverne-
« ments n'ont que trop favorisées à Rome, se commettent
« sur le territoire français, accompagnées de cruautés,
« de sacrilèges, de rapines et d'exactions sans nombre.
« Nous dénonçons à toute conscience honnête de si odieux
« attentats. Nous en appelons au tribunal du Dieu des
« armées, des crimes commis contre l'Eglise et contre
« notre patrie, unissant dans notre cœur deux causes qui
« n'auraient jamais dû être séparées.

« III. Et pour faire amende honorable de nos péchés,
« pour en recevoir le pardon par l'intervention miséri-
« cordieuse du Cœur sacré de N.-S. Jésus-Christ, et en
« obtenir, par la même intervention, les secours extraor-
« dinaires qui, seuls peuvent délivrer le Souverain Pon-
« tife de sa captivité ; faire cesser les malheurs de la

« France et amener sa rénovation religieuse et sociale ;
« *nous promettons, lorsque ces grâces nous auront été*
« *accordées, de contribuer, selon nos moyens, à l'érection*
« *qui sera demandée à l'autorité ecclésiastique compé-*
« *tente.* »

Au milieu des douloureuses circonstances de la lutte avec les prussiens et les allemands, l'honneur des armées françaises, si tristement compromis à Sedan et à Metz, trouvait un asile inviolable dans les volontaires de Charette et de Cathelineau. Ces vrais braves, reprenant les chrétiennes traditions de la première Vendée, coururent au combat sous l'étendard du Sacré-Cœur qu'ils empourprèrent de leur noble sang à Patay et au Mans. Sous l'impulsion d'une vive foi religieuse, les soldats honnis du Pape se sont trouvés les meilleurs soldats de la France.

La promulgation du décret de béatification de Marguerite-Marie, qui eut lieu en 1864, donna un élan prodigieux à la dévotion au Sacré-Cœur de Jésus en France, en Italie, en Espagne, en Angleterre, en Allemagne, en Belgique, en Irlande, et jusqu'aux Indes, en Chine, en Amérique et en Océanie. Depuis 1873, des centaines de milliers de pèlerins accourent à Paray, chaque année. On y a vu la sœur de l'impé. atrice d'Autriche, la princesse de Lippe, le duc de Norfolck, des membres de l'Institut, des généraux, les Charette, les Aurèle de Paladine, les du Temple, les Sonis, etc.

Pendant la tenue du concile général au Vatican, le corps épiscopal, appuyé de milliers de signatures recueillies par les zélateurs de l'apostolat de la prière, avait supplié le Saint Père de consacrer Rome et le monde entier au Sacré-Cœur. Après la guerre des prussiens en France, la même demande fut faite à plusieurs reprises. Enfin, Pie IX proposa un acte de consécration au divin Cœur de

Jésus (1) qui devait être prononcé le 16 juin 1875, deuxième centenaire de la révélation à la B. Marguerite-Marie pour l'établissement de la dévotion au Sacré-Cœur de Jésus. A la consécration faite ce jour était accordée une indulgence plénière.

TRADUCTION DE L'ACTE DE CONSÉCRATION

« O Jésus, mon Rédempteur et mon Dieu, nonobstant
« le grand amour qui vous a porté à répandre tout votre
« sang précieux pour les hommes, ils ne vous refusent
« pas seulement leur amour, mais ils vous offensent, vous
« outragent; blasphèment votre nom, et profanent les
« jours consacrés à votre culte. Ah! puissé-je offrir
« quelque satisfaction à votre Cœur divin! puissé-je répa-
« rer l'ingratitude dont vous êtes la victime de la part
« du plus grand nombre des hommes ! Je voudrais pou-
« voir vous prouver combien je désire, en présence de
« tous, honorer votre Cœur adorable, répondre par l'a-
« mour à son immense amour et accroître de plus en
« plus votre gloire. !Je voudrais pouvoir obtenir la con-
« version des pécheurs et secouer l'indifférence de tant
« de chrétiens qui, peu sensibles au bonheur d'être les
« enfants de l'Eglise votre épouse, n'ont à cœur ni ses
« intérêts, ni ceux de votre gloire. Je voudrais pouvoir
« désabuser ces catholiques qui, tout en se distinguant
« par les œuvres extérieures de charité, demeurent trop
« attachés à leurs opinions, répugnent à se soumettre aux
« décisions du Saint-Siége, ou nourrissent des sentiments
« peu conformes à son enseignement ; je voudrais qu'ils com-
« prissent enfin que celui qui, en toutes choses n'écoute
« pas l'Eglise, n'écoute pas Dieu toujours présent en elle.
« Pour atteindre ces fins si saintes, pour obtenir le

____

(1) Rédigé par la Congrégation des Rites, et publié le 22 avril 1875.

« triomphe et la tranquillité stable de l'Eglise, votre
« épouse sans tache, le bien-être et la prospérité de votre
« Vicaire sur la terre, l'accomplissement de ses saintes
« intentions, la sanctification et la perfection toujours
« croissantes du clergé, la réalisation de vos desseins, ô
« mon Jésus, et la pleine satisfaction de votre divine vo-
« lonté, la conversion des pécheurs et le progrès des
« justes, pour assurer le salut de nos âmes ; enfin pour
« plaire à votre très-aimable Cœur.

« Prosterné à vos pieds, en présence de la très-sainte
« Vierge Marie et de toute la cour céleste, je reconnais
« solennellement que, par tous les titres de justice et de
« reconnaissance, je vous appartiens entièrement et uni-
« quement, ô Jésus, mon Rédempteur, unique source du
« bonheur spirituel et temporel ; et, m'unissant à l'inten-
« tion du Souverain-Pontife, *je me consacre moi-même,*
« *avec tout ce qui m'appartient, à votre Sacré-Cœur*, que
« je m'engage à aimer et à servir de toute mon âme, de
« tout mon cœur et de toutes mes forces, *en m'appro-*
« *priant vos volontés et unissant tous mes désirs aux*
« *vôtres.*

« Pour vous donner une marque publique de la sincé-
« rité de cette consécration, je déclare sollennellement
« devant Vous, ô mon Dieu, que je veux, à l'avenir, ho-
« norer votre divin Cœur, *en observant, suivant les règles*
« *de l'Église, les fêtes de précepte, et en usant de toute*
« *mon autorité pour en assurer autour de moi l'observance.*

« C'est dans votre aimable Cœur, ô Jésus, que je dé-
« pose tous ces saints désirs et les résolutions que votre
« grâce m'a inspirées, dans l'espoir de pouvoir, par là,
« compenser en quelque manière, les injures que vous
« recevez de l'ingratitude des hommes, et trouver pour
« mon âme et les âmes de tous les miens, ma félicité et
« la leur dans cette vie et dans l'autre. Ainsi soit-il. »

Ce sont là, sans doute, de touchants hommages publics au Cœur de Jésus, mais la France n'y est pas intervenue comme nation, le Roi à sa tête, selon les désirs du Sauveur manifestés en 1689, à la bienheureuse Marguerite-Marie. Il est vrai qu'en 1873, un vote de l'Assemblée nationale a sanctionné l'érection, au milieu de Paris, d'une basilique que de pieux laïques de cette cité avait fait vœu d'élever au Sacré-Cœur de Jésus pendant qu'elle était assiégée par les Prussiens et opprimée et saccagée par les Communards : et qu'en 1875 plus de cent représentants ont remis une collecte à l'archevêque de Paris, en sollicitant dans cette basilique du Sacré-Cœur, l'érection d'un autel qui rappèlerait la part prise à ce grand acte religieux par l'Assemblée nationale.

Mais cette Assemblée n'a pas assez de foi et de courage pour aider aux frais de construction du monument religieux ; de le rendre vraiment national, en y affectant une somme au budget, au moins par virement de fonds, les 600,000 francs qu'elle a alloués pour reconstruire la salle de l'Opéra. Elle n'a pas même voulu reconnaître le nom de Sacré-Cœur comme le vocable officiel du temple en projet de construction sur la colline du mont des martys : et on a vu un certain nombre de représentants de France, cette fille aînée de l'Église, brutalement protester contre la démarche de collègues, qui, dans le sanctuaire de la Visitation à Paray, s'étaient présentés comme les interprètes, les délégués de l'Assemblée nationale.

Le vœu de Louis XVI n'ayant pas été réalisé par ses frères, Louis XVIII et Charles X, comment donc arriver à contempler le Cœur de Jésus peint ou brodé sur les étendards français ; gravé au milieu des armes de la France ; la France réconciliée avec Dieu ; la France ressaisir sa prépondérance, sa généreuse influence sur les nations ? Une intervention d'en haut est évidemment nécessaire, et l'instrument volontaire de cette intervention divine devrait être, ce nous semble, un personnage plus digne que Constantin et Charlemagne ; il devrait être un juste vivant de la foi comme en ont vécu saint Henri, saint Louis, saint Ferdinand et saint Etienne.

Or, un tel personnage existe ; il faut être absolument dépourvu de tout sentiment chrétien, de patriotisme français et de bon sens, pour ne pas reconnaître cet élu de la Providence dans le prince signalé dans cette lettre du 12 novembre 1873 à un illustre publiciste de Paris, L. V. ; dans le prince qui, avec l'éclat et le prestige des vertus et des qualités royales les plus éminentes, est encore le droit, est encore un principe, comme l'héritier légitime incontestable de Louis XIV, Louis XVI et Charles X.

« Monsieur le Directeur,

« Pour la France, le drapeau est le symbole de l'esprit « qui dirigera le gouvernement. De là, depuis quelques « jours, des inquiétudes dans des Français qui entendent « être catholiques romains avant toutes les autres affec- « tions. Or, il nous semble que ces inquiétudes sont heu- « reusement sans fondement.

« A supposer que le personnage que la Providence a « élu, comme l'instrument de la restauration chrétienne « de la France et de l'Europe, soit Mgr le comte de « Chambord, ce prince s'est réservé de résoudre à son « heure, cette question du drapeau, de manière à satis- « faire à la fois le pays, l'Assemblée nationale et lui- « même.

« Mgr le comte de Chambord sait les désirs que le vrai « Sauveur a manifestés à la B.-V. Marguerite-Marie, et « que notre roi martyr, Louis XVI, prisonnier, a réalisés « autant qu'il le pouvait alors. Cette détermination du fils « aîné de l'Église pourrait donc bien être d'adopter *la*

« *couleur du Cœur de Jésus*, pour son drapeau, au mi-
« lieu duquel resplendirait l'image de ce divin Cœur
« entouré des trois fleurs de lys.

    « L'adoption de ce LABARUM témoignant que désormais
« les hommes ne seraient plus soumis qu'aux lois de la
« vérité et de la justice éternelles, dans la liberté des en-
« fants de Dieu, plairait au pays qui veut enfin la paix, à
« l'Assemblée nationale qui a voué notre patrie au Sacré-
« Cœur de Jésus, et au noble fils de saint Louis qui donne
« tant de témoignages de la plus héroïque abnégation, et
« qui accepte si généreusement la lourde croix que la dé-
« livrance de l'Église et de la France exige qu'il charge
« sur ses épaules.

    « J'ai l'honneur etc. L. R. C. de D. »

Mais comment espérer encore cette restauration, quand,
depuis six ans, on vit dans des déceptions continuelles si
poignantes qu'on ne voit plus qu'une prompte mort
comme la seule issue aux craintes du dedans et aux luttes
du dehors ? *Intus timores, foris pagnæ ?* « Voici, a dit
« Mgr Pie, l'éminent évêque de Poitiers (1), voici une
« affirmation qui ne souffre pas de démenti. C'est qu'au
« de là des monts, ceux qui attendent, et ceux qui redou-
« tent le rétablissement de l'ordre chrétien dans le monde,
« sont d'accord pour ne le juger possible et réalisable
« que par *la France*. Quand et comment, me dites-vous ?
« Ce n'est pas la question, et c'est le secret de Dieu seul.
« La France, je le confesse, a grand besoin de travailler
« à sa propre guérison avant de procurer la guérison
« des autres. N'est-elle pas elle-même étendue et gisante
« sous le lourd couvercle du sépulcre ? Qui donc renver-
« sera la pierre du monument funèbre ? Je l'ignore : mais
« nous verrons cette pierre renversée.

---

(1) Homélie pascale en 1873.

Le 27 décembre de l'année suivante, 1874, S. S. Pie IX, termina une allocution aux officiers de l'armée pontificale par ces paroles fort remarquables : « Il y a dix-neuf siè-« cles, le monde était dans l'attente d'un grand événement. « Le Rédempteur allait naître ; et il appert du récit des « divines Ecritures qu'Hérode lui-même en avait le pres-« sentiment et la crainte. Nous aussi, nous sommes dans « l'attente du grand événement de nos jours : le triomphe « de l'Église. De quelle manière Dieu l'opérera-t-il ? nous « l'ignorons ; mais nous savons que les moyens les plus « inattendus, les plus obscurs sont également bons entre « ses mains toutes puissantes. Lorsque le temps prédit « par les prophètes, pour la naissance du Rédempteur, « fut venu, Dieu se servit du dénombrement intimé par « Auguste pour amener Marie et Joseph à Béthléem, où « devait naître le Verbe fait chair. De même, il pourra, « s'il le veut, se servir de l'ambition même de ceux qui « persécutent l'Église, pour que le triomphe de cette « Église arrive au temps qu'il a fixé. Notre espérance ne « saurait donc faillir, elle a pour base les infaillibles véri-« tés de la foi. »

Enfin, Pie IX, dans une réponse aux cardinaux, à l'occasion du 30ᵉ anniversaire de son élection, le 20 juin 1876, dit : « Tenez pour certain que l'Église doit triompher, et que la révolution périra. »

Sans remonter plus haut dans l'histoire qu'au commencement de notre siècle, quels stupéfiants changements ont été faits par la droite du Très-Haut de 1812 à 1814 ! Or, cette main n'est pas encore raccourcie. Elle se montrera certainement comme elle le jugera à propos et au moment opportun, selon ses pensées qui ne sont pas nos pensées, comme ses voies ne sont pas nos voies (1). Ceux-là creu-

____

(1) Isaïe VIII.

sent la fosse pour eux-mêmes qui se flattent d'y précipiter l'Église une et immortelle.

Mais nous, qui avons des aspirations différentes, par la grâce de Dieu, au lieu de rester oisifs à attendre dans la tristesse, agissons selon nos moyens ; croissons, persévérons dans l'ardeur de dévouement au bien. Alors le Seigneur dira: « Les cris des enfants d'Israël se sont élevés jusqu'à moi et j'ai vu leur affliction (1). Me voilà arrivant à leur secours (2). »

FIN.

ÉPILOGUE

Entre toutes les nations, par privilège spécial, deux fois la France, fille aînée de l'Église, a été favorisée des manifestations du Sauveur : à Labare-Sainte-Croix et à Paray-le-Monial. Or, les patriarches Noé, Abraham, Isaac et Jacob, quand ils avaient été honorés de ces grandes faveurs d'en Haut, s'empressaient d'élever et de consacrer, sur le lieu béni de la vision un monceau de pierres ou un autel appelé *le témoignage*, pour perpétuer dans leurs descendants; la mémoire de la manifestation divine. Nous, qui prétendons être enfants d'Abraham par la foi, nous n'avons encore rien fait de semblable pour les manifestations du IV° et du XVII° siècles.

Or, si nous sommes vraiment résolus de mériter, pour notre patrie décapitée et mutilée de toutes les manières, la guérison dont elle a le plus urgent besoin, tout en persévérant dans nos autres bonnes œuvres, hâtons-nous de

---

(1) Exode III. 9.
(2) Ps. xxxix. 8.

témoigner la reconnaissance dûe pour les faveurs accordées à la France du temps de nos ancêtres, d'abord en nous pressant d'élever à Sainte-Croix-Labare, par souscription nationale, un immense obélisque surmonté d'une grande et brillante croix nimbée d'or, reproduisant sur ses faces le monogramme du Christ et *in hoc vince*, εν τουτῳ νίϰὰ.

A Paray-le-Monial, où rien de monumental, de national n'a encore été entrepris, le gouvernement français, redevenu franchement catholique, érigera un autre obélisque, sur lequel seront sculptées les armes de la France ayant au milieu de l'écusson, le Sacré-Cœur avec l'inscription *in hoc resurgam*.

Depuis la glorieuse résurrection du Sauveur, son Sacré-Cœur est devenu le signe de son immense tendresse pour les hommes, comme la croix est le trophée de sa puissance, le sceptre de sa souveraine royauté sur toutes les nations que son Père lui a données en héritage. Son Cœur, sa croix, voilà ses armes royales, comme son sang jaillissant sur le Calvaire, par cinq énormes plaies, nous a révélé *la couleur de son étendard*, nous conviant à nous élancer sous ses plis à l'assaut de ses inépuisables miséricordes.

Commençant à reconnaître qu'un *miracle seul* peut nous sauver, forçons l'arrivée de ce prodige divin, en poussant vers le ciel ce cri irrésistible de foi:

> Vous le ferez pour notre pauvre France
> Où vous avez daigné vous révéler,
> Merci, mon Dieu! notre reconnaissance
> Dans ses élans, aime à le devancer.
>
> Dieu de clémence,
> O Dieu vainqueur:
> Sauvez Rome et la France
> Au nom du Sacré-Cœur.

Imp. J. MAYET et Cie, à Lons-le-Saunier.